CRI
DE L'ARMÉE,

OU

LA CONDUITE DE SON EXCELLENCE
LE MARÉCHAL DUC DE FELTRE,

MISE A SON VRAI JOUR,

Par VERISSIMO ALVARES DE SILVA, Capitaine au 3.me Bataillon de la Légion de HOHENLOHE.

A GRENOBLE;
De l'Imprimerie de DAVID, place Neuve, près la grille du Jardin public.

1817.

PRÉFACE.

Je voudrais voir réduire dans un seul être tous les flagorneurs ; je voudrais aussi que la terre engloutît dans ses entrailles cet être formé de l'essence de la bassesse humaine ; il n'y aurait donc plus dans la société que des hommes généreux, qui sauraient s'élever au niveau de l'homme ! ! ! J'ai en horreur l'être qui est assez vil, pour dire ou écrire quelque chose qui soit contraire à sa façon de penser. Je trouve aussi qu'il y a de la gloire à braver l'insolence de l'homme en place, et à se roidir contre ses abus d'autorité. Voilà mes principes, je pense ne point les trahir en parlant de Son Excellence le Duc de Feltre ; non, et j'en appelle au témoignage de l'ancienne et nouvelle armée dont il est si bien connu.

CRI

DE L'ARMÉE.

LORSQUE sur la réputation d'un grand homme, la malveillance cherche à faire élever quelque nuage, le vulgaire, incapable de réflexion, est d'ordinaire séduit par les fausses notions qu'on veut lui donner. Ce vulgaire léger et frivole, qu'un ancien philosophe compare au fleuve rapide dont le torrent ensevelit les choses pesantes, tandis qu'il porte sur sa surface les plus légères, renverse machinalement ses idoles. Si nous remontons vers les beaux jours de Rome, nous y voyons un peuple généreux proscrit, et même immoler les vertus, les talens de ceux qui l'avaient souvent si bien servi. L'inconstance grecque ne nous offre pas moins d'exemples de la manière dont le peuple récompense ceux qui ont travaillé pour le bien public. De nos jours la populace de Lisbonne, chassant de cette capitale et couvrant d'imprécations le marquis de Pombal, oubliant si profondément les services que cet habile Ministre avait rendus au Portugal, qu'il allait soustraire au monopole anglais, nous prouve efficacement que le peuple n'est pas celui de qui un grand homme doit espérer une juste récompense ; il n'est souvent que l'instrument de l'élévation de certains êtres, qui n'ont, pour tout mérite, que le triste moyen de savoir exciter l'admiration d'une populace ignorante.

C'est donc à un Gouvernement sage qu'appartient seul le choix des hommes dignes de sa confiance. Heureux le peuple qui trouve dans son chef ce degré de lumières nécessaires pour savoir démêler le vrai mérite de cette espèce de charlatanisme que masquent les intrigans! Heureux aussi le Gouvernement, heureux le Prince sous le règne duquel se trouve un homme généreux, intègre, éclairé, et qui aimant sa patrie, partage avec le Monarque le fardeau de la gouverner !

En ouvrant les pages de l'histoire, tant ancienne que moderne, nous y trouvons et les mêmes vices et les mêmes penchans inhérans à l'homme ; par-tout et de tout tems il fut ambitieux, tantôt bon, tantôt méchant ; en tout tems aussi les talens, le mérite ont eu des jaloux, et l'innocence même fut souvent en proie, sous le toit de l'humble chaumière, au venin de la calomnie. Et si, dans la vie privée, l'homme n'est pas à l'abri des stratagêmes de la perversité; si elle déchire et se dispute les lambeaux du manteau de Diogène, combien la réputation d'un grand homme, environné des charges et des dignités les plus éminentes de l'Etat, honoré de la confiance du Monarque et de l'estime de l'Europe, lors même qu'elle courbait le front devant Napoléon; combien, dis-je, une telle réputation ne sera-t-elle pas exposée, sur-tout lorsqu'à la suite d'une longue révolution les partis se sont froissés, et que les membres en sont plus ou moins grangrenés! A la suite, enfin, de cette terrible contagion, il paraît, sans tache, un grand homme! L'intègre Duc de Feltre, non moins célèbre par ses lumières que par ses vertus, est un de ces hommes extraordinaires, semblable à ceux dont Rome s'énorgueillissait, lorsque, maîtresse de l'univers, la gloire de ses armées était confiée aux Cincinnatus, aux Paul-Emile et aux Regulus. Dans un siècle tel que le nôtre, où la pauvreté n'est pas une vertu, où l'on a vu tant de voleurs en place, un tel homme est d'autant plus estimable, que nous avons perdu de vue cette noble austérité romaine; que presque généralement les contemporains du Duc de Feltre l'ont méconnue, étant dévorés par cette soif de l'or; que même pour la satisfaire ils n'ont épargné aucun moyen. Quel homme joua jamais un si grand rôle dans le monde politique? Quel autre fut plus à même et eut plus de moyens de s'enrichir, que l'intègre Duc de Feltre? Lorsque la France tenait sur pied des armées innombrables, et que pendant plusieurs années l'administration lui était confiée, qui est celui qui peut se flatter d'avoir eu des moyens plus propices pour faire une fortune colossale? Cependant le Duc de Feltre sort du ministère de Napoléon, n'ayant presque d'autre fortune que sa réputation sans tache et une noble pauvreté; je dis pauvreté, car on ne saurait appeler richesse sa fortune, relativement à son rang. C'est cependant ce vertueux ministre du Roi; c'est ce même Duc de Feltre qui prit le porte-feuille dans des circonstances aussi déplorables, lorsque Louis XVIII, délaissé et trahi par ceux même, hélas! qui naguères étaient comblés de ses bienfaits, l'abandonnaient lâchement; c'est, dis-je, ce même homme généreux qui est venu, dans l'enceinte des représentans de la Nation, dire, à la face de la France, ces nobles paroles qui retentissent déjà dans la postérité : « *Le mal est* » *trop avancé, j'accepte le ministère dont le* » *Roi m'honore, parce que je suis homme* » *d'honneur; je n'ai jamais trahi personne.* » C'est enfin ce même Ministre, symbole de la fidélité et du dévouement le plus héroïque, qui en abandonnant ce qui lui est plus cher, donna au Roi, dans son exil, le gage le plus touchant de son attachement ; c'est celui-là même qui, sous le règne de ce même Prince, se voit en butte aux réflexions les plus amères sur le travail du ministère le plus difficile. En effet, le budget de la guerre, les opérations de S. E. le Duc de Feltre ont été, dans l'une et l'autre chambre, l'objet des plus vives discussions. Le venin de la calomnie, empruntant l'austère langage de la critique, prit plus d'une forme pour attaquer ce vertueux Ministre ; fables absurdes, aussi grossières qu'incohérentes, furent répandues en abondance. La calomnie alors comptant déjà un triomphe infâme, avait le sourire atroce sur sa bouche hideuse. Mais au cri de l'armée, le monstre furibond frémit, mord ses lèvres, et cherchant les ténèbres, va cacher son opprobre.... Ah ! si ma plume était égale à celle dont lès traits percèrent le cœur du fier Catilina, elle irait jusques dans les ténèbres, déchirer courageusement ce voile qui l'enveloppe. La vérité seule guide ma main ; je ne viens pas en vil flagorneur présenter bassement l'encensoir de la flatterie à un homme puissant. Non, jamais un cœur fier ne sait s'avilir à un tel point. Mais l'Armée Française, dont le Duc de Feltre est le père, connaît trop ses belles qualités ; elle ne verra dans ce faible discours qu'un grossier ébauché de ses sublimes vertus. Cette brave armée est moins sensible aux diatribes qu'on lui a adressées, qu'aux injustes inculpations faites au loyal Duc de Feltre ; elle partage donc la douleur de son illustre régénérateur. En parlant de cette armée, dont j'ai l'honneur de faire partie, ma franchise militaire ne me permet pas de dissimuler combien il m'étonne de voir les Représentans d'une Nation, entièrement militaire, s'occuper si peu des intérêts de l'armée, de l'oublier presque entièrement, ou ne s'en souvenir que pour la censurer. Le Clergé français trouve, dans l'une et dans l'autre chambre, d'éloquens et chauds défenseurs, tandis que les défenseurs de l'Etat sont si fortement oubliés. Grâce à ce général qui a soutenu avec véhémence la cause de l'armée, et qui n'a pas oublié qu'il en fait partie ! Grâce aussi au vicomte de Tabarié ! Ce digne collaborateur du Duc de Feltre, a donné un nouveau témoignage à l'armée, qui prouve combien ses intérêts lui sont chers. Cependant, quel est le sort des officiers subalternes en activité ? Il n'est pas à comparer à celui des Ecclésiastiques ; il est bien pire que le leur. Un honorable membre de la chambre des députés a reproché le luxe de l'armée ; S. E. le Duc de Feltre lui a répondu, avec autant de noblesse que d'énergie, « qu'elle n'avait que ce qu'il lui fallait » pour combattre les ennemis du Roi. »

S'il était permis au respectable membre, qui a censuré le luxe de l'armée, de venir parmi ses rangs servir le Roi dans le grade de sous-lieutenant, n'ayant d'autres ressources que ses épaulettes, contraint d'y faire honneur, peut-être, et j'aime à croire que cet honorable membre serait plus efficacement persuadé que dans l'année pénible où nous sommes, les Officiers subalternes loin de pouvoir se donner le superflu, ceux qui peuvent se procurer le stricte nécessaire ont assez raffiné l'économie.

Appointemens d'un Sous-lieutenant.

				fr.	c.	m.
	Solde			83	33	3
	Logement			12		
	TOTAL. . . .			95	33	3
Retenues du Gouvernement.	Hôtel des Invalides. .	1	66			
	Trésor royal.		83			
		2	49			
Retenues du Conseil d'administrat.	pour la musique.. .	2	77			
	pour l'habillement .	20				
		25	26	25	26	
	RESTE			70	07	3

Il lui revient net 70 f. 07 c. 3 m., avec laquelle somme il doit se loger, nourrir, etc.

Si, réduit à cette modique somme, l'honorable membre, qui a blâmé le luxe de l'armée, contraint de tenir un rang dans la société et de répondre à la confiance que le Gouvernement lui accorderait, avait encore du luxe dans les habits, de la profusion dans la table, j'aime à croire que cet individu mériterait, au lieu d'une censure ridicule, l'admiration des hommes d'état; il me semble qu'il ne manquerait pas de mettre un homme aussi précieux à la tête des finances; il me semble que, dans un pays où l'on a tant vu d'économie théorique, on verrait d'un très-bon œil celui qui saurait si bien la mettre en pratique.

Le budjet de la guerre, comme nous l'avons déjà observé, est celui qui paraît présenter le plus de ressource aux esprits réformateurs ; leurs développemens dans ces nouveaux systêmes d'économie, semblent fixer plus particulièrement le ministère le plus épineux, le ministère auquel sont attachés les destinées de la France, et qui, par cette même raison, a le plus grand besoin d'un homme intègre et dévoué au Roi ; car tenant entre ses mains tous les ressorts de l'immense machine de l'ancienne et nouvelle armée, il faut que cet homme ait une exacte connaissance de ces parties hétérogènes. Ces qualités si essentielles se trouvent réunies dans la personne du Duc de Feltre, et certes personne ne peut avoir des idées plus précises de l'armée que le Duc de Feltre.

Passons à envisager l'état de la France ; et pour embrasser d'un coup d'œil rapide les objections faites au budjet de la guerre, pour mieux faire sentir la disparité des comparaisons qu'on a faites du ministère actuel avec celui du commencement de la révolution, examinons si la France est aujourd'hui la même puissance, s'il y a eu quelques changemens, et les causes qui y ont coopéré, nous trouverons les motifs pour lesquels le ministère actuel ne peut avoir nul rapport avec celui de 92, de même que nous ne pouvons trouver aucun objet de comparaison avec les armées Romaines, du tems de César, et celles de ce même empire, s'écroulant sous le poids de sa propre grandeur.

Le systême qui s'est introduit dans l'Administration, en effet, n'est pas ni le plus simple, ni le plus propre, pour éviter les abus qui existent encore au préjudice du Gouvernement; mais quoique la France, comme l'observe fort bien le Blond, soit devenue une nation militaire du tems de Louis XIV; quoique ce Prince ait le premier changé la méthode de faire la guerre, en mettant sur pied des armées aussi prodigieuses, et en obligeant par là les autres puissances d'augmenter leurs forces militaires, cela n'approche pas du systême militaire, que l'ambition de Buonaparte, plus grande encore que celle de Louis XIV, avait engendré. Ce général, en prenant les rênes du Gouvernement, en portant ses regards sur le trône des Bourbons, en oubliant cette modestie qu'il avait manifestée dans ces premières campagnes d'Italie, enfanta cet énorme système militaire Français, qui, semblable à celui des Romains, devait lui garantir l'Empire universel ! ! !

La France a vu spontanément augmenter l'effectif de l'armée d'une manière prodigieuse ; ces masses énormes, pendant plusieurs années, furent à la charge de l'Europe, qu'elles avaient asservie ; mais, enfin, ces peuples, las du joug honteux qui les opprimait, ne trouvent leur salut qu'en reprenant leur énergie, et en se liguant contre la France : elle est envahie de toutes parts, et le colosse de Buonaparte est renversé. Alors les débris de ces nombreuses armées ; la grande quantité d'employés à leur suite, qui ont, par de longs services, plus ou moins des droits aux récompenses, sont concentrés dans les bornes de l'ancienne France, qui doit faire face elle-même à ses dépenses. La solde arriérée des armées ; la rentrée des prisonniers de guerre, en augmentant les dépenses, viennent, pour ainsi dire, répandre les ténèbres dans ce ministère si compliqué. En 1814, le Roi conservait encore une armée assez considérable, et les ressources intarissables de la France lui permettaient de l'augmenter au premier besoin ; mais cette armée, séduite par quelques chefs, qui souvent l'avaient menée à la victoire, se laisse facilement entraîner à la rébellion. Le farouche Minotaure, en sortant de sa tanière, ne rencontre dans l'armée de Louis XVIII que des chefs coupables, qui abusent les braves qu'ils avaient l'honneur de commander. Cet évènement horrible, qui à peine peut être comparé aux désordres des armées Romaines, sous les Vittélius et sous les Othon, attira, dans l'espace de cent jours, plus de maux à la France que ceux que lui avait occasionés tout le cours de la révolution. Les armées alliées envahissent une seconde fois le territoire Français, qui ne doit son intégrité qu'à la sagesse de Louis XVIII. Bientôt les machinations des apôtres de la révolution, de ces vils instrumens du pouvoir anarchique, qui avaient accaparé tout le numéraire, et que la grande clémence du Roi épargne, permettant, jusqu'aux grands coupables, d'importer, hors de la France, le fruit de leurs concussions ; ces sourdes menées, dis-je, font éclater de nouveaux symptômes de l'insurrection que l'armée régénérée par le Duc de Feltre sut à l'instant comprimer

comprimer de telle manière (1), qu'elle aurait étouffé l'insigne trahison de 1815, si le ministère de la guerre fût resté entre les mains du Duc de Feltre. Mais souvent les places les plus importantes d'un état ne sont pas accordées aux talens, ni aux vertus, car ces qualités supposent la modestie, qui ne sait pas les briguer.

C'est donc au retour du Roi, c'est donc à

(1) Monsieur le lieutenant-général, vicomte de Donnadieu (qui a été nommé par S. E. le Duc de Feltre au commandement de la 7.e division militaire), déjoua les noirs projets de la malveillance, le 4 mai, à Grenoble; sa prudence, sa fermeté et son devouement héroïque, ont sauvé, dans cette mémorable époque, la France entière, qui allait peut-être devenir la proie de ces hommes de sang de 93. Qu'il est heureux pour le 3.e bataillon de Hohenlohe, de servir, depuis un an, sous les ordres de généraux si dévoués au Roi! Le vicomte de Donnadieu, notre général de division; le comte de Dillon, commandant du dép.t, rivalisent d'amour pour les Bourbons; le 3.e bataillon de Hohenlohe redoublera aussi de zèle pour continuer à mériter les suffrages de chefs si estimables. L'aimable comte de Dillon, ce preux chevalier, a, par son ordre du jour, lors de son passage à Mont-Dauphin, témoigné au brave et loyal commandant, le chevalier Muston, sa satisfaction, tant pour la discipline que pour l'instruction du 3.e *bataillon de Hohenlohe.*

cette mémorable époque, que les yeux du Monarque philosophe, cherchant un pilote habile, digne de tenir le gouvernail au moment de la tempête, vont se fixer de nouveau sur le Duc de Feltre. Tel que Cincinnatus, éloigné des affaires, ce grand homme habitait la campagne, y respirant un air pur parmi la Déesse des bosquets; ou tel que le modeste Moreau, ce sage républicain, à Philadelphie, menant une vie rurale. Rappelé de nouveau au ministère, le Duc de Feltre s'occupe, avec cette prévoyance qui le caractérise, à débrouiller le cahos que les évènemens extraordinaires avaient occasioné. L'ancienne armée est licenciée; de ses débris on en organise tout à coup une nouvelle, qui doit comprimer la sédition sur tous les points de la France. C'est à cette époque si délicate que ceux qui ont osé blâmer la marche du ministère actuel doivent remonter pour admirer le Duc de Feltre. Mais, que dis-je, sa vie entière ne doit-elle pas fermer la bouche à la chicane?

Lorsqu'une nation guerrière et turbulante, qui naguère tenait l'Europe sous le joug, se voit vaincue; lorsque ses armées, trahies par la victoire, sont forcées de souscrire à l'impérieuse loi du licenciement, le souvenir de leur ancienne gloire, l'intérêt particulier, ce puissant ressort du cœur humain, semble presque rendre inévitable la guerre intestine : du moins la vraisemblance le présage, et l'histoire nous offre plusieurs exemples chez différens peuples, qui ont rapport avec la situation de la France en 1815.

Rentrés dans leurs foyers, ces esprits inquiets et entreprenans demandaient du ménagement ; il fallait un homme aussi prudent que ferme pour les gouverner ; car la vraie politique et la bonne morale d'un gouvernement sage, consistent à ne réduire jamais au désespoir telle ou telle partie de ses sujets qui composent l'Etat ; nous n'avons que des exemples trop funestes, qui prouvent de quoi est capable cette passion violente, d'entraîner les hommes. Il serait aussi impolitique que barbare, de ne pas assurer le sort d'une classe à qui la France doit une partie de sa gloire, et qui peut encore la compenser des maux qu'elle a attiré sur elle. Eh ! qui peut donc prétendre ravir la gloire du Duc de Feltre, d'avoir, par de sages mesures, sauvé la France des horreurs de l'anarchie ? Quel autre que lui comprima la conflagration qui pouvait l'anéantir ? Un tact particulier de l'armée le mit à même de prendre, parmi l'ancienne armée, les officiers qui ont été égarés et qui serviront le Roi loyalement. Une sage prévoyance a su rassurer, dans leurs foyers, ceux qui attendent le moment d'être appelés à cet honneur. Il a fallu, pour obtenir cet heureux résultat, faire des sacrifices ; et remplissant l'engagement du Monarque, payer une partie de l'arriéré de l'armée, dans un moment où il aurait été dangereux de négliger son existence. Et peut-on encore reprocher au Duc de Feltre d'avoir surpassé la somme qu'on avait d'abord cru nécessaire pour l'exercice de 1816 ? Peut-on méconnaître les circonstances terribles où il s'est trouvé ? Le travail immense qui l'a accablé, et l'œil pénétrant de l'homme d'état, qui sut d'un seul regard embrasser toutes les parties. Ce n'était pas un travail régulier qui demandât de la simple assiduité, et qu'un esprit médiocre eût pu remplir. Le ministère de la guerre Français de 1816 fera époque dans l'histoire. Jamais Ministre ne fut plus à même de développer tant de sagacité, de prudence et d'énergie, et de mêler à cette force d'esprit, l'humanité d'un cœur magnanime ! ! ! Connaître les droits des officiers, qui depuis long-tems s'étaient dévoués aux Bourbons, choisir ceux de l'ancienne armée, qui devaient compter dans les rangs de la nouvelle, vérifier la dette de l'armée d'un œil calme, calculer les explosions séditieuses, empêcher leurs résultats, voilà les nobles et pénibles travaux de cet habile Ministre, qui vient d'être l'objet de la plus amère censure! Suivons-là sans nous occuper du libelle infâme qui a l'audace d'attaquer la réputation d'un homme dont la France doit s'énorgueillir. Ecoutons la voix modeste du Ministre; ne l'avons-nous pas entendu, à la tribune de la chambre des Pairs, parler de ce fameux libelle qui a la délirante rage d'attaquer la manière dont il a gagné son premier grade d'officier général? Impudens charlatans, quand vous lasserez-vous de vous faire un jeu de persécuter la vertu? Quand serez-vous pleinement convaincus que nous ne sommes plus en ses tems d'horreurs, où une populace hébêtée entendait vos féroces hurlemens se déchaîner contre le mérite, les talens, la vertu et tout ce qu'il y a de plus respectable parmi les hommes en société!!! Non, non, cohorte infâme, vos ruses sont usées; le triple voile dont vous cherchez vainement à vous couvrir, ne cache plus vos coupables desseins! L'expérience a déjà appris à donner le change à votre infernale tactique ; quelque forme que vous puissiez prendre, ô astucieux Jacobins, vous êtes désormais condamnés à ramper dans la fange ! exhalez-y votre impuissante rage, telle que les pétulantes vipères exhalent leur venin ! Mais sachez enfin que, quoique l'impunité redouble votre insolence, vos noms n'inspirent pas moins d'horreur aux peuples civilisés ; ils vous ont déjà jugés d'après vos rapines, et ils vous comptent parmi les brigands heureux. ! Et quelle est donc l'opinion que les nations étrangères ont de l'homme que vous osâtes calomnier ! Berlin, parle, élève la voix, tu connais sa vertu ! l'Europe entière sut l'apprécier, lors même qu'elle se courbait devant le Néron moderne ; elle savait distinguer le Burrhus (précepteur de Néron) de notre âge, des bas flagorneurs du tyran. Nous connaissons enfin quelle espèce d'êtres sont ceux qui ont voulu amonceler des nuages sur le ministère et le Ministre de la guerre ; ce ministère qui est si bien composé, qu'il a frappé, pour me servir de ces mêmes expressions, de la hâche de la réforme ; ce ministère qui nous garantit enfin qu'il n'y aura plus de 20 Mars ! Le digne collaborateur du Duc de Feltre, qui, par sa probité, par une fidélité constante envers le Roi et par ses lumières, mérite que ce nom, qu'il a déjà illustré, le nom de Tabarié, qui est aussi cher à l'armée, s'associant à celui de Feltre, aille avec lui à la postérité. Oui, les Tabarié, les Prévot, les Meulan, les Boinville, les Tinan, les Fresan, les Goulhot, les Frénély, les Caux, les Dollone, les Rostaing, les Gambier, veillent, avec l'immortel Feltre, au salut de la France; le ministère de la guerre est le *Palladium* de la patrie! Et tel que Boréas enchaîne les vents, il enchaîne à jamais la rébellion. C'est donc lui qui a écrasé les têtes de l'hydre, et sans lui nous la verrions bientôt lever une tête altière.

Que les ennemis de la France fassent des vœux impuissans pour voir revivre encore un ministère semblable à celui de 1815, qui a protégé leurs coupables projets! qu'ils cherchent, en répandant adroitement leurs sophismes, d'alarmer le public! Non, les amis du Roi, les bons Français, sont fort bien convaincus que le Duc de Feltre est indispensable dans le ministère; que ce serait un malheur réel pour la France, de perdre un homme si respectable et si difficile à remplacer; que le Roi, qui connaît ses vertus et les services qu'il lui a rendus, ne souffrira pas qu'un autre vienne se mettre à la tête de ce ministère important, parce que nul autre ne possède, à un plus haut degré de perfection, ses connaissances administratives; nul autre n'est plus intègre, plus dévoué au Roi; nul autre aussi n'est plus aimé de l'armée, car cette qualité est plus essentielle qu'on le croit pour un Ministre de la guerre.

Laissons donc à un Prince éclairé les soins de conserver un Ministre que les intérêts de la France et ceux des Bourbons exigent qu'il soit maintenu dans la place qu'il occupe si dignement, et passons à examiner les objections faites au budjet de la guerre; attachons-nous plus particulièrement à celles d'un Maréchal si célèbre par ses connaissances dans l'arme difficile de l'artillerie, et qui joint, à l'instruction d'un habile général, l'érudition d'un littérateur consommé. Son Excellence le Maréchal Duc de Raguse, de qui le nom nous rappelle tant de faits glorieux, semble, dans son discours prononcé à la chambre des Pairs, se montrer peu favorable et à l'armée et au Ministre. Pour concilier donc l'estime que l'armée ambitionne de M. le Maréchal Duc de Raguse, je vais essayer, non de prendre la controverse, mais de faire une simple analyse du discours de M. le Maréchal, en me bornant à observer quels sont les principes inexacts qu'il offre.

M. le Maréchal Duc de Raguse, en suivant le précepte de Loke, commence par définir le mot budjet ; ce mot anglais ne signifie que l'état de l'actif et du passif; mais d'après la définition qu'en donne M. le Duc de Raguse, le budjet de la guerre ne serait pas même d'accord avec sa définition. Il me semble que le budjet d'un Ministre n'est qu'un aperçu des sommes dont il a besoin. Or, si le Ministre est responsable de l'emploi desdites sommes, il me semble aussi qu'il est, par cette raison, fortement intéressé à pouvoir justifier sa dépense.

Qu'un Ministre ait donc dépassé la somme que lui affectait le budjet de 1816, il résulte de cela que la somme qu'on a crue d'abord nécessaire est insuffisante ; que sa dépense ne soit encore justifiée, cela est un effet du travail prodigieux qui a surchargé ce ministère; je ne peux rien ajouter aux raisons puissantes qu'a données le Duc de Feltre ; avec une logique précise, il a combattu ces inculpations ; il a fait le récit de l'énorme quantité des pièces de comptabilité qui encombrent le ministère;

il a aussi dit qu'à la session prochaine il mettra sous les yeux des chambres les pièces justificatives des dépenses.

Mais le désintéressement du Duc de Feltre, sa probité si connue, sa délicatesse, ne doivent pas suffire pour excuser le défaut de forme que les circonstances ont rendu inévitable ; on a même affecté de les oublier, mais l'histoire saura les saisir pour mieux apprécier la conduite du Duc de Feltre.

On a aussi trop critiqué le budjet de 1817, comme s'il était dans le pouvoir du Ministre de le réduire ; comme s'il était la cause que la France, devenue une nation militaire, faisant une guerre continuelle depuis plusieurs années, est dans la nécessité maintenant de payer des pensions à des milliers d'individus que leurs services et les lois existantes placent dans la catégorie d'en avoir ! comme si les maux que le systême militaire a causés à la France, étaient émanés du Duc de Feltre, et comme s'il pouvait, dans son cabinet, les corriger d'un trait de plume ? Il ne s'agit pas seulement de présenter les réformes sous une face favorable, d'offrir des projets d'économie, il faut aussi en démontrer la possibilité; il faut indiquer les moyens, les développer par une bonne synthèse, car, sans cette qualité essentielle, ces projets ne sont que des observations vagues : le projet d'économie à opérer sur le budjet du Ministre de la guerre de 1817, présenté par M. le Duc de Raguse à la Chambre des Pairs, est loin de remplir cette qualité si nécessaire. M. le Duc de Raguse se borne simplement à passer en revue les différens articles qui composent ce budjet, et réduisant plus ou moins chacun d'eux, il trouve par sa récapitulation une économie de 42 millions 777 mille francs 823 32 c. L'effectif de l'armée, supposé par M. le Duc de Raguse, n'est pas non plus vraisemblable; mais quand même elle serait la force réelle des hommes sous les drapeaux, je n'y vois rien qui dépose contre le Ministre; j'admire sa sagesse, qui sut, avec des forces si peu considérables, maintenir la tranquillité intérieure. Ce que M. le Duc de Raguse dit relativement à la composition de cette armée, attaque plus directement et le Ministre et l'armée. Je vais tâcher de faire voir que M. le Duc de Raguse n'est pas plus précis dans cette partie de son discours que dans le projet d'économie.

« Nous manquons, dit M. le Maréchal, » sur-tout de bons officiers, qui font

» la force des armées, et dont la France
» était naguère si richement pourvue.

» La cavalerie est dans un état tout aussi
» déplorable ; quelques corps comptent à
» peine trente ou quarante chevaux. Aucuns
» ne sont composés d'hommes instruits et
» formés aux manœuvres de cette arme dif-
» ficile.

» Former de bons cavaliers, repeupler
» nos légions de sous-officiers expérimentés,
» instruire nos artilleurs, préparer un ma-
» tériel suffisant pour des cas imprévus,
» voilà le but constant de nos efforts. »

Quoi donc le même homme qui avait pourvu les armées de Napoléon d'officiers instruits subitement, métamorphose ces mêmes officiers ? Et, par une espèce d'enchantement, ils deviennent, sous les drapeaux du Roi, des idiots ? D'où vient un si étrange changement ? La faulx de la mort moissonnant journellement, pendant 25 ans, l'élite des officiers et soldats, l'armée Française commençait à sentir le besoin et d'officiers expérimentés et de vieux soldats aguerris ; non-seulement l'instruction était devenue rare, sur-tout parmi l'infanterie, mais encore cette routine acquise par une longue expérience, commençait à manquer dans l'armée ; cela n'était qu'un résultat de la grande consommation d'hommes. Le jeune enfant, que la conscription arrachait des bras de sa famille, sans aucune expérience de la guerre, parvenait facilement en grade pour peu qu'il sût lire et écrire, et qu'il eût une simple teinture de l'arithmétique.

Avant la funeste campagne de Russie, on avait même pris plusieurs des vieux officiers en réforme et en retraite qui, rentrant dans les cohortes, cumulaient leurs soldes d'activité avec les pensions dont ils jouissaient déjà. Ceci prouve assez qu'on avait non-seulement besoin d'officiers instruits, mais encore de ceux qui avaient quelque routine. Combien n'est-il pas étonnant que M. le Duc de Raguse, qui est ici à portée de juger l'instruction d'un officier de quelque arme qu'il soit, déplore aujourd'hui l'ignorance des officiers qui composent l'armée, M. le Duc, qui sait le degré d'instruction qu'avaient généralement les officiers, tant de cavalerie que d'infanterie ! Pour les seconds, la routine leur apprenait l'école de soldat, de peloton et de Bataillon, cela était le *non plus ultrà*.

Eh ! grand Dieu ! ces sublimes connaissances sont-elles si difficiles à acquérir ?

Quand il serait entré dans l'armée actuelle quelque officier qui en serait dépourvu, l'espace de six mois ne lui serait-il pas plus que suffisant, pour se familiariser avec cette soi-disante instruction ?

Mais s'il est vrai qu'en profitant de la paix, le Gouvernement Français veuille former des officiers instruits, ce n'est pas en les bornant à savoir par cœur l'aride théorie ; l'officier d'infanterie, pour mériter d'être appelé officier instruit, a besoin de connaître les mathématiques ; la géométrie lui est indispensable pour bien saisir les manœuvres ; la fortification lui est souvent nécessaire ; le dessin, la géographie, l'histoire, surtout l'histoire militaire, formeront les bases d'une bonne instruction ; ces connaissances donneront droit à un officier de mériter le surnom d'instruit. Mais qu'on cesse de le prodiguer à des hommes ignorans qui, ne sachant pas même lesélémens de leur langue maternelle, griffonnent leurs noms machinalement.

Relever le courage des jeunes officiers par l'étude de l'histoire des grands capitaines, leur inspirer ces sentimens généreux qui enfantent l'héroïsme, voilà, ce me semble, les vrais principes qui doivent caractériser la régénération de l'armée ; et tout en établissant une discipline sévère, bannir de l'armée ce despotisme des chefs qui osent, en outrageant les lois, en abusant du pouvoir que le Roi leur délègue, exiger de leurs inférieurs une complaisance aussi lâche que servile. Ces réformes si puissantes, et qu'on ne peut retarder sans avilir la noble profession de soldat, nous sont présagées ; le Ministre, sous les auspices duquel nous avons le bonheur de servir le Roi, nous les garantit. Ce Prince, qui a donné aux Français une constitution libérale, ne voudra pas voir, dans ceux qui doivent la défendre, des esclaves tremblans sous la domination odieuse de petits visirs ! . . . Non, il va rendre un nouvel éclat à la profession militaire, et le prévoyant Ministre, lançant un regard sur certains abus, va bientôt les frapper de la réforme. La tyrannie et l'arbitraire que Napoléon introduisit dans toutes les branches du corps social, va disparaître ; bientôt aussi cette judicieuse observation de Vertot, en parlant de la discipline militaire Romaine, pourra se faire aussi à l'égard des armées Françaises.

« Ce n'était pas assez, dit-il, de savoir » vaincre, aux généraux de ce peuple fier,

» ils étaient même responsables de la hauteur
» avec laquelle ils avaient traité les sol-
» dats pendant la guerre ! »

Espérons qu'il viendra un jour (lorsque S. E. le Duc de Feltre sera plus amplement instruit de la manière dont certains chefs vexent leurs subordonnés) où l'officier Français pourra accuser la morgue insolente, la hauteur ridicule de chefs aussi grossiers que pédans, et si peu faits pour commander aux braves ! ! En parlant d'un abus que je connais si bien par l'expérience, je n'ai pu arrêter ma plume, je me suis laissé entraîner hors de mon sujet ; j'y reviens pour suivre celui de M. le Duc de Raguse. Il trouve la cavalerie Française dans un état tout aussi pitoyable que le reste de l'armée ; elle manque, dit M. le Maréchal, d'hommes instruits et formés aux manœuvres de cette arme difficile. On ne peut disconvenir de cela ; la cavalerie Française n'est pas aujourd'hui ce qu'elle était naguères. Mais est-il juste d'attribuer ce mal au Ministre ? Remontons à cette fameuse campagne de Russie, et nous trouverons facilement la cause de l'anéantissement de la cavalerie. Ecoutons un peu le plus grand capitaine de nos jours, en parlant de la guerre de la Russie ; il il attaqua, dit Moreau, parlant de Buonaparte, tour à tour toutes les puissances, et pénétra jusque dans les forêts de la Russie. Sept cent mille hommes détruits, la cavalerie Française anéantie, voilà le fruit de son entreprise téméraire.

C'est donc dans cette campagne que la cavalerie Française a reçu le coup terrible, et cette guerre si funeste pour l'armée, l'a été plus particulièrement à la cavalerie. Elle serait maintenant rétablie, sans les évènemens de 1815; mais, ne doutons pas que la persévérance de M. le Maréchal Duc de Feltre, ses lumières, son noble dévouement pour le Roi et pour la Patrie, remédieront à ce mal, dont il est loin d'être la cause. L'armée Française dont il est aimé; cette armée dont il est le plus fort appui, voit, avec peine, l'homme qui a si bien mérité sa confiance, être obligé de venir à la dure et humiliante nécessité de faire une espèce de justification de sa conduite. Combien la délicatesse d'un homme d'honneur ne doit-elle pas souffrir, non de répondre à un illustre collègue, mais aux calomniateurs infâmes!

L'ancienne armée qui constitue encore ce qu'on appelle l'armée Française, connaît la probité et les qualités inestimables du Duc de Feltre. Cette armée, qui fut un moment égarée, mais qui nous a offert depuis le modèle des vertus sociales, quoiqu'en disent ses détracteurs, voit d'un œil indigné la malveillance s'armer contre le Duc de Feltre. En lui rendant l'hommage que cette armée mérite, je ne saurais m'empêcher de dire combien il est inconvenant et impolitique que des Français aient osé toucher ses lauriers; ces lauriers que le sang Français a si long-tems arrosés et qui sont le fruit de pénibles travaux, seront toujours le plus bel apanage d'une nation guerrière; elle nourrit encore dans son sein des milliers de braves, prêts, au premier signal du Monarque, à voler encore à la victoire qu'ils sauraient fixer par des efforts héroïques.

Ne séparons donc plus la cause de l'armée active de l'ancienne; l'armée Française est composée de tous les militaires Français; qu'ils soient en demi-solde, qu'ils soient en activité, ils ne sont pas moins membres de la grande famille; tous sont également officiers du Roi; tous sauront le servir avec fidélité. Honneur à ce brave Maréchal qui, dans un discours où l'on voit étinceler cette mâle éloquence militaire et les sentimens nobles d'un vrai Français, rend justice à l'armée, se fait une gloire de reconnaître que c'est à la bravoure de ses compagnons d'armes qu'il doit l'honneur d'être élevé aux dignités les plus éminentes de l'état, et de siéger parmi les Pairs de France! Les souvenirs reconnaissans que M. le Maréchal Magdonal conserve de l'armée, réhaussant son grand mérite, ne lui font pas moins d'honneur que la conduite généreuse qu'il a tenue pendant l'usurpation. C'est donc vainement qu'on cherche à jeter une espèce de défaveur sur l'armée; en vain on tonnera contre son organisation actuelle; si l'impérieuse loi de la nécessité prescrit au Ministre d'écarter encore de l'activité plusieurs braves; si les forces militaires Françaises ne sont pas maintenant corrélatives à sa population et à la considération politique dont la France doit jouir en Europe, il n'est pas dit pour cela qu'elle restera toujours dans cet état de crise; non, les autres puissances y sont autant qu'elle intéressées; elles savent juger des ressources de cette grande nation; aucune autre ne serait encore à même de mettre sur pied une armée si imposante. Soit dans le hameau, soit dans la cité, nous voyons par-tout disséminés, dans la vaste étendue de son beau sol, de vieux militaires cicatrisés, qui, après avoir exercé long-tems la profession de soldat, s'occupent maintenant, les uns à des travaux rustiques, les autres à différens métiers où la main-d'œuvre française l'emporte encore sur tout le reste de l'Europe, sans même excepter l'Angleterre. Connaissant donc tant d'immenses ressources que la France a encore comme nation militaire, quel homme pourra déplorer l'état de l'armée ? Luttant long-tems contre l'Europe, elle a dû succomber devant cette ligne formidable, qui s'est formée pour renverser le despotisme de Buonaparte ; mais qu'elle ait essuyé des revers, que la victoire ait un instant abandonné ses drapeaux, non, la France ne laisse pas d'être la première nation militaire de notre continent (1).

Qu'on cesse enfin de déplorer l'organisation de l'armée Française, en affectant de ne trouver dans les officiers qui la composent que des hommes inexpérimentés ; ils sont ces mêmes officiers sortis de cette même armée qui était naguère, et qui le sera toujours,

---

(1) Je vois, et il ne souffre aucun doute, que ce qui constitue l'armée Française, sont tous les militaires qui, quoiqu'ayant subi le licenciement, sont susceptibles encore de reprendre de l'activité.

si richement pourvue de bons officiers. Mais, dira-t-on peut-être, que les officiers émigrés ont concouru à la formation de l'armée ; que plusieurs d'entr'eux sont hors d'état d'activité. Un petit nombre de ces honorables victimes est maintenant parmi les rangs de l'armée, et ces hommes courageux (1), qui ont mérité l'estime de tous les peuples, par le plus noble dévouement envers la dynastie légitime, après avoir servi, avec honneur, chez les *nations étrangères*, se montrant par-tout dignes du nom Français, rentrant dans leur patrie, courbés sous le poids de l'âge et du malheur, à peine trouvent-ils pour prix de leur persévérante fidélité, le triomphe de la belle cause qu'ils ont suivie !

Mais les Français sont enfin rentrés sous le même giron, en confondant leurs drapeaux, en se réunissant à ceux du vainqueur d'Ivry; ils sont également dignes de la confiance du Gouvernement, et aux yeux du Ministre tout homme d'honneur est bon pour

---

(1) Il y a dans cette classe des familles qui ont fait les plus grands sacrifices pour les Bourbons, et qui sont fort au-dessus de tout éloge. Celle de la Rochejaquelin a des titres bien éclatans, pour être comptée dans ce nombre.

servir le Roi, parce que l'honneur nous fait pénétrer de nos devoirs auxquels on ne peut manquer sans les trahir.

Vainement voudrait-on refuser au Duc de Feltre l'importante qualité de savoir connaître les hommes ; de savoir être juste envers eux ; cet accord unanime, cette confiance qu'il sait si bien inspirer à l'ancienne et à la nouvelle armée, est un résultat de l'assemblage des belles qualités qui forment, pour ainsi dire, l'essence de l'homme d'état et du Ministre habile.

Il est superflu qu'une plume d'un si faible essor que la mienne entreprenne d'ébaucher les vertus et lès qualités inestimables qui font la base du caractère du Duc de Feltre; elles sont trop connues de l'armée et de tout vrai Français; je crains de blesser la modestie de Son Excellence, plus que d'être taxé de flagornerie. J'ose espérer que ceux qui me connaissent ne me jugeront pas si désavantageusement, et qu'ils savent que mon caractère est doué de quelque énergie. C'est celle-ci qui, guidant ma plume en 1815, me fit publier à Niort, après la rentrée de Buonaparte à Paris, des sentimens assez opposés à l'usurpateur. Oui, s'il y a de la bassesse à prôner un favori indigne, à revêtir un Ségens du manteau de Caton, il y a aussi de la gloire à rendre hommage à la vertu, aux talens, à l'urbanité et aux services signalés d'un grand homme, sur-tout lorsque la calomnie condense ce nuage pour obscurcir tant de belles qualités !

En finissant, je dirai encore quelque chose, au sujet des réformes qu'on a proposées au Ministre, et je crois qu'il est à propos de citer le discours que Tibère prononça au Sénat Romain, lorsque les Édiles lui proposaient aussi des réformes : « Chacun, dit » cet empereur, veut avoir part aux actions » illustres ; mais on est bien aise de jeter » toute l'envie sur un seul. Que voulez-vous, » Messieurs, que je réforme premièrement ? » Sera-ce vos palais et vos maisons qui occu- » pent tant de provinces entières ? Sera- » ce le nombre de valets distingués par na- » tions ? Sera-ce la vaisselle d'or et d'argent ? » La fureur pour les tableaux et pour les » statues ? Le luxe de l'un et de l'autre sexe » dans les vêtemens ? L'ambition particu- » lière des femmes pour les pierreries de » grands prix, qui transportent nos trésors » parmi des nations étrangères et enne- » mies. » Il termine, en disant : « Si quel- » qu'un se permet tant de son industrie pour

» arrêter le désordre, je confesse qu'il est
» digne d'un grand honneur, et qu'il me
» décharge d'une partie de mes soucis; mais
» s'il veut acquérir la gloire de réformateur,
» pour me laisser après chargé de l'envie
» qu'il sache que je ne suis que trop exposé
» à la calomnie pour le salut de la républi-
» que, sans me faire encore de nouveaux
» ennemis inutilement. »

Ce discours de Tibère ne serait-il pas un peu analogue aux circonstances actuelles ? Le Duc de Feltre ne pourrait-il pas dire tel que ce général, en prenant le consulat ; « Sachez Romains que cette science qu'on
» se donne à Rome apporte un grand obs-
» tacle au succès de vos armes et au bien
» public; tous vos généraux n'ont pas la
» fermeté et la constance de Fabius, qui aima
» mieux voir son autorité insultée par la
» témérité d'une multitude imprudente, que
» de ruiner les affaires de la république, en
» se piquant à contre-tems de bravoure pour
» faire cesser les bruits populaires.... Si on
» préfère le doux loisir de la ville aux dan-
» gers et aux fatigues du camp, qu'on ne
» s'avise pas de vouloir tenir le gouvernail,
» en demeurant tranquille dans le port. »
Disons aussi, avec ce grand capitaine, à

ceux qui ont un si vif désir des réformes, qui ont une aussi grande démangeaison de parler pour faire les censeurs : « Lorsque » vous serez embarqués sur le même vais- » seau et exposés à partager les mêmes dan- » gers, vous aurez le droit de faire des re- » montrances au pilote ». De tout tems, il ne fut point donné à tous les hommes l'habilete de manier facilement la hache de la réforme ; si le Duc de Feltre s'en est déjà servi avantageusement, il n'est pas dit pour cela qu'il n'existe toujours de certains inconvéniens attachés aux innovations qui prescrivent, même aux plus grands génies, la plus stricte circonspection. Mais puisque le salut de la patrie impose l'économie; puisqu'un sage gouvernement ne doit jamais la perdre de vue, que la hache de la réforme, détournant ses coups de la milice Française, qu'elle ne peut frapper sans anéantir, aille exercer sa puissance sur le civil !

Là sont ces magnifiques traitemens de ces classes trop nombreuses et trop généreusement payées, qui absorbent la plus grande partie des revenus de l'Etat !

Trop long-tems elles ont été soustraites à l'action de cette hache redoutable !

Si la forme d'un gouvernement constitutionnel soumet les opérations des Ministres à l'action de la surveillance; si, par cette raison, chaque représentant de la nation a le droit de contrôler leur travail, chaque particulier est aussi, sous un tel gouvernement, en droit de publier son opinion, lorsque celle-ci (respectant les lois) n'a pour objet que de combattre une autre opinion.

Mais tout en combattant une opinion, tout en laissant entrevoir les projets d'un autre parti, la bienséance nous fait une loi de nous interdire tout ce qui pourra avoir l'air de porter atteinte à la réputation individuelle. C'est donc la bienséance qui arrête ma plume et qui lui empêche de tracer les noms de certains individus qui, siégeant au célèbre champ de mai, siégeant aussi parmi les députés de 1816, s'y sont signalés par une opposition qui cherchait à entraver la marche du ministère. Eh ! qu'importe au public leurs noms ? Qu'il sache seulement que la plus grande partie de ces austères censeurs de 1816, n'étaient, en 1815, devant le tyran, que les complaisans interprêtes de sa volonté absolue ! Y a-t-il rien de plus naturel que ces espèces de caméléons, qui, sous le spécieux prétexte du bien public, cherchent à rebuter un Ministre du Roi qui leur fait ombrage ? Mais les militaires Français qui, même dans les tems les plus orageux de la révolution, ont constamment été étrangers aux cabales, n'ayant jamais connu que la gloire et l'honneur, se font un devoir de rendre hommage à la vertu d'un homme qui est sorti de leurs rangs ; ils savent lui rendre cette justice qu'il n'a jamais violée envers eux, et payant un bien doux tribut au mérite transcendant du Duc de Feltre, l'armée, d'une voix unanime, dit, à la calomnie :

Quoi donc, génie malfaisant, oses-tu venir, jusque sous le bouclier de Mars, poursuivre ce qu'il y a de plus auguste aux yeux même du Dieu de la guerre ! Tes yeux louches ne peuvent voir ce grand homme se reposant majestueusement et brillant d'un si bel éclat, que ce même bouclier qui lui sert d'égide, entoure cet illustre guerrier que la vertu couronne.

Faut-il vous retracer les nobles travaux qui donnent droit à ce grand homme, de siéger dans ce sanctuaire ?

Faut-il vous le montrer ici homme d'état, travaillant sans relâche au bien de la patrie, et sans oublier l'austérité du Ministre, mêler à la sévérité ce décorum qui nous le rend si cher ? Faut-il, enfin, vous l'offrir dans la vie privée ; là il est le plus parfait modèle des vertus conjugales et paternelles ! Que l'œil le plus vigilant suive par-tout ses actions, par-tout et en tout tems elles confondront l'envie, et réhaussant ses belles qualités, nous rendent, de plus en plus, cet illustre chef digne de notre vénération !

Ah ! si cet amour que l'armée te porte, si cet attachement si sincère, si cette franchise militaire que tu connais si bien, peut te dédommager de l'amertume de la calomnie, reçois-en, dans ces phrases, plus militaires qu'éloquentes, le gage non équivoque de la confiance que tu inspires à l'armée ; si, contre ses vœux, tu lui étais ravi ; si, par malheur, le salut de la France était immolé à l'intrigue, ô ! Feltre, toujours présent, tes vertus nous traceront nos devoirs ! toujours notre amour te suivra en tout lieu ! Par-tout les instrumens belliqueux, en étouffant la voix de la vile calomnie, célébreront ton nom ! Déjà la docte Clio, approuvant nos accens, prend son burin, et d'une main fidèle, grave le nom de Feltre parmi ceux des héros de Rome et de la Grèce ! ! !

FIN.

www.ingramcontent.com/pod-product-compliance
Ingram Content Group UK Ltd.
Pitfield, Milton Keynes, MK11 3LW, UK
UKHW021100270726
13994UKWH00009B/1715